Benny likes to play with **toys**.
Benny le gusta jugar con **juguetes**.

But does not like to put them away.
Pero no le gusta guardarlos.

He likes to eat candy.
A él le gusta comer caramelos.

But does not like to brush his teeth
Pero no le gusta cepillarse los dientes

He likes to play outside.
A él le gusta jugar afuera.

But does not like to take a bath.
Pero no le gusta bañarse.

He likes to watch TV.
A él le gusta ver la televisión.

But not with his little **sister**.
Pero no con su **hermana** pequeña.

He likes to sleep.
A él le gusta dormir.

But does not like **nightmares**.
Pero no le gustan las **pesadillas**.

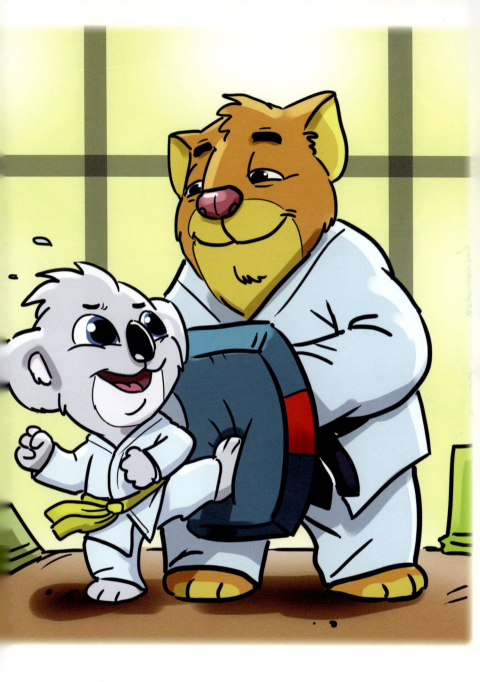

He likes to practice **Karate**.
A él le gusta practicar **Kárate**.

But does not like to get hit.
Pero no le gusta que lo golpeen.

He likes to play soccer.
A él le gusta jugar al fútbol.

But does not like **to lose**.
Pero no le gusta **perder**.

He likes to get good grades.
A él le gusta sacar buenas notas.

But does not like **to study**.
Pero no le gusta **estudiar**.

He likes to color.
A él le gusta colorear.

But does not like to stay in the lines
Pero no le gusta quedarse dentro de las líne

He likes to climb trees.
A él le gusta trepar por los árboles.

But does not like **to fall.**
Pero no le gusta **caerse.**

He likes to swim.
A él le gusta nadar.

But does not like water in his ears.
Pero no le gusta el agua en sus oídos.

He likes to help daddy outside.
A él le gusta ayudar a papá afuera.

But does not like **to get tired.**
Pero no le gusta **cansarse.**

likes **to cook** with mommy in the **kitchen**.
él le gusta cocinar con mamá en la **cocina**.

But does not like **to wash** the **dishes**.
Pero no le gusta lavar los **platos**.

But even if he does not like **something**, his mommy says:

Pero incluso si no le gusta **algo**, su mamá dice:

You have to!
¡**Tienes que** hacerlo!

And he does,
because, he does not like his mommy,
Y él lo hace,
porque, a él no le gusta su mamá,

Vocabulary/Vocabulario

toy (toi)
el juguete (hoo-GAY-tays)
candy (kan-di)
el caramelo (cah-rah-MEH-lo)
teeth (tiz)
los dientes (de-AYN-tays)
outside (aut-said)
afuera (ah-foo-AY-ra)
sister (sis-ter)
la hermana (er-MAH-nah)
nightmares (nait-mer)
las pesadillas (pay-sah-DEE-yahs)
soccer (so-ker)
el fútbol (FUHT-bole)
grades (greids)
las notas (NO-tahs)
tree (tri)
el árbol (AR-bol)

water (uater)
el agua (AH-gwah)
ears (iers)
los oídos (o-EE-dos)
daddy (da-di)
el papá (pah-PAH)
mommy (mo-mi)
la mamá (mah-MAH)
kitchen (kit-chen)
la cocina (co-SEE-nah)
dishes (di-shes)
los platos (PLAH-tos)

Vocabulary/Vocabulario

to put away (tu) (put) (a-uEi)
guardar (goo-ar-DAR)
to eat (it)
comer (co-MEHR)
to brush [oneself] (brash)
cepillarse (seh-pee-YAR-se)
to play (plei)
jugar (hoo-GAR)
to watch (uatch)
ver (vehr)
to sleep (slip)
dormir (dor-MEER)
to practice (prak-tis)
practicar (prac-te-CAR)
to lose (lus)
perder (per-DERR)

to study (sta-di)
estudiar (es-too-de-AR)
to climb (klaim)
trepar (treh-PAR)
to swim (suim)
nadar (nah-DAR)
to help (jelp)
ayudar (ah-yoo-DAR)
to cook (kuk)
cocinar (co-see-NAR)
to wash (uoch)
lavar (LAH-var)